# PÉTITION

## DE B. G. SAGE,

CHEVALIER DE L'ORDRE ROYAL DE SAINT-MICHEL,
DE L'ACADÉMIE ROYALE DES SCIENCES DE PARIS,
FONDATEUR ET DIRECTEUR
DE LA PREMIÈRE ÉCOLE DES MINES,

## A S. EX. LE MINISTRE DE L'INTÉRIEUR.

## A PARIS,

DE L'IMPRIMERIE DE P. DIDOT, L'AÎNÉ,
CHEVALIER DE L'ORDRE ROYAL DE SAINT-MICHEL,
IMPRIMEUR DU ROI.

## 1818.

# PRÉLIMINAIRE.

Quoique j'aie consacré ma vie à l'utilité publique, quoique j'aie vendu ma terre de Villeberfol et ma bibliothèque, mon unique bien, pour terminer le Musée des mines à la Monnaie, cependant personne n'a été plus maltraité que moi pendant et après la révolution.

C'est dans le dessein de faire concourir S. E. le Ministre de l'Intérieur à un acte de justice, que je lui ai adressé la pétition suivante.

# PÉTITION

*Adressée à* M. Lainé, *Ministre de l'intérieur, par* B. G. Sage, *le 18 août 1817.*

———

« Monseigneur,

« J'ai obtenu, en 1783, la création de
« l'Ecole des mines, que j'ai dirigée pen-
« dant sept années. Je n'ai pu résister au
« torrent révolutionnaire, et à dater de
« 1792 j'ai été dépouillé de toute ma for-
« tune. Sa Majesté peut me faire passer
« mes derniers jours dans l'aisance, si vo-
« tre Excellence lui propose de me dési-
« gner honoraire du conseil des mines, au
« traitement des inspecteurs généraux. »
N'ayant pas reçu de réponse de S É.
M. Lainé, je lui adressai la lettre suivante,
le 28 octobre 1817.
« Monseigneur,
« Je vous prie d'avoir la bonté de me
« tirer de l'anxiété où je suis, relativement

« à la pétition que j'ai eu l'honneur d'en-
« voyer à V. E. le 18 août dernier, en la
« priant de la soumettre à S. M. A-t-elle
« été acceptée ou rejetée ?

« J'ai cru qu'étant privé depuis vingt-
« six années de vingt-quatre mille francs,
« en quoi consistait ma fortune, ce qui
« me fait un déficit de plus de six cent
« mille francs ;

« J'ai cru qu'ayant dépensé en soixante
« années plus de deux cent mille francs
« pour former le Musée des mines à la
« Monnaie, qui est devenu un des beaux
« monuments de l'Europe, à l'aide de la
« munificence de Louis XVI, mon bien-
« faiteur;

« J'ai cru qu'ayant fondé un établisse-
« ment utile qui manquait à la France,
« une école des mines ;

« J'ai cru qu'en professant depuis cin-
« quante-neuf années une science que j'ai
« naturalisée en France, la minéralogie
« et la chimie métallurgique ;

« J'ai cru qu'après avoir été détenu dans

« les cachots (1), en 1793 et 1794, où j'ai
« perdu la vue;

« J'ai cru enfin qu'après avoir fait les
« découvertes les plus utiles, tant pour les
« sciences que pour l'humanité, on aurait
« eu égard à ma réclamation, que je n'au-
« rais pas été obligé de faire, à soixante-
« dix-huit ans, si M. le comte Laumond,
« ex-directeur des mines, m'eût compris
« dans l'organisation de ce corps que j'ai
« créé.

« Pouvais-je croire que c'aurait été sous
« le règne de Louis XVIII, qui m'a ho-
« noré d'une estime spéciale en me déco-
« rant spontanément, que le Ministre,
« M. de Vaublanc, m'aurait privé, le 17
« janvier 1816, d'un traitement de mille
« écus qui m'avait été accordé pour m'ai-
« der à remplir mes engagements.

« On sait que lorsque j'ai été nommé
« administrateur du Musée des mines, j'ai

---

(1) Je n'ai obtenu la vie et la liberté qu'après avoir
donné mille louis.

« refusé le traitement affecté à ces sortes
« de places, parceque j'étais riche alors.

« J'ai cru, Monseigneur, vous devoir
« ces notes, afin que vous connussiez que
« ma pétition n'est pas l'effet de la cu-
« pidité; mais ce qui me reste ne suffi-
« sant pas pour subvenir à mes besoins,
« j'ai pris confiance dans l'équité qui
« caractérise V. E., ainsi que dans les
« bontés de S. M., qui ne peut avoir ou-
« blié que les mines d'argent d'Allemont
« lui ont rapporté annuellement soixante-
« douze mille francs, et que c'est moi qui
« en ai fait connaître le premier la valeur
« il y a environ quarante ans. »

J'ai cru devoir imprimer la lettre suivante qui m'a été écrite, le 9 mars 1811,
par M. le comte Laumond, conseiller-
d'état, directeur des mines.

« S. E. le Ministre de l'intérieur, mon-
« sieur, m'a fait le renvoi de la pétition
« que vous lui avez adressée, à l'effet d'ob-
« tenir l'avance d'une somme de six mille
« francs pour subvenir aux frais d'impres-

« sion d'un ouvrage que vous avez fait,
« ayant pour titre *Institutions de phy-*
« *sique et de minéralogie.*

« La réputation dont vous jouissez dans
« les sciences ne peut être que d'un bon
« augure en faveur de l'ouvrage que vous
« annoncez. J'ai proposé en conséquence
« au Ministre (M. de Montalivet) de vous
« accorder, sur les fonds de son ministère
« destinés aux encouragements, la somme
« de six mille francs que vous demandez,
« et de vous laisser la propriété de l'édi-
« tion, comme étant le fruit de votre tra-
« vail; mais S. E. a ajourné toute déci-
« sion à ce sujet jusqu'à ce que la direction
« générale des mines ait trouvé, dans le
« produit des nouvelles redevances créées
« par la loi, des ressources suffisantes
« pour faire les dépenses extraordinaires
« qu'exigera l'impression de votre ou-
« vrage.

« Je ne puis encore, monsieur, prévoir
« l'époque où je me trouverai dans cette
« heureuse situation; mais vous pouvez

« être certain qu'aussitôt que les circon-
« stances le permettront je m'empresserai
« de seconder vos vues. »

M'étant fié aux expressions de cette lettre, j'ai fait imprimer mes Institutions chez M. Firmin Didot, à qui je fis voir l'engagement qu'avait pris M. le comte Laumond, conseiller-d'état, directeur général des mines, lequel n'a pas tenu sa parole, quoiqu'il ait eu à sa disposition huit cent quarante mille francs, qu'il a remis à l'usurpateur.

Ayant été obligé de tenir compte de cette somme à M. Didot, c'est ce qui me gêne encore.

Avant la révolution, mes ouvrages avaient toujours été imprimés au Louvre, parceque les Ministres en avaient reconnu l'utilité.

Si M. de Laumond ne m'a pas porté sur l'état du corps des mines, c'est qu'il en a été détourné par le *saint homme* qu'il a consulté, et qui lui a fait oublier l'équité qui lui était tracée par ce qui a

été dit au conseil d'état lors de l'organisation du corps des mines, dont voici la
substance : « Le conseil des mines profita
« des travaux de M. Sage, ce Nestor de la
« métallurgie, premier fondateur de l'é-
« cole des mines ; des sujets y furent for-
« més en assez grand nombre, et par leur
« moyen l'administration porta les lu-
« mières et la surveillance sur cette partie
« trop long-temps négligée. »

Tout ce qui m'est arrivé me retrace la
vérité de cet adage de Phèdre.

*Qui meriti pretium ab improbis de-
siderat, bis peccat.*

Si je retrace ici deux lettres que m'a
écrites S. M. le roi de Prusse, c'est qu'elles
font connaître que les envieux qui m'ont
desservi et me desservent encore auprès
de nos gouvernants n'ont pu influer sur
l'estime dont m'honore l'Europe.

« Je vous remercie, monsieur, de la
« brochure que vous avez eu l'attention
« de m'adresser. Vos ouvrages et le beau
« cabinet de minéralogie qui vous doit

« son existence (1) ne laisseront pas périr
« votre nom, et répareront les injustices
« que vous avez éprouvées par vos con-
« temporains.

« Au quartier général de Paris, le 27 avril 1814.

« FRÉDÉRIC-GUILLAUME. »

« J'ai reçu la brochure que vous m'avez
« adressée, et ai ordonné qu'elle soit com-
« muniquée à mon académie des scien-
« ces. La découverte dont vous y rendez
« compte ferait honneur à un savant qui
« n'aurait d'autre titre à la reconnaissance
« publique; elle prouve que vous ne cessez
« de vous occuper de travaux qui ont il-
« lustré votre longue carrière, et parmi
« lesquels la fondation de l'école des mi-
« nes suffit seule pour immortaliser votre
« nom.

« FRÉDÉRIC-GUILLAUME.

« Paris, ce 20 août 1817. »

---

(1) Aucun de nos ministres n'est venu voir ce monu-
ment.

La brochure dont parle, dans cette dernière lettre, S. M. le roi de Prusse, est celle dans laquelle j'ai rendu compte des propriétés de l'eau de mer distillée, et de la nature du gaz alcalin oléaginé neptunien corrosif qui la rend morbifère; c'est une de mes découvertes qui m'a paru la plus importante; puisse-t-elle avoir été regardée telle parmi les Français.

Une découverte qui intéresse la vie des hommes, et qui dévoile un des mystères de la nature, est doublement importante, aussi est-ce une de celles que j'ai eu le bonheur de faire, et à laquelle j'attache le plus de prix.

L'analyse des eaux de la mer m'a fait connaître qu'elles contenaient toutes un gaz alcalin oléaginé corrosif produit par la destruction des êtres organisés qui se décomposent sans exhaler d'odeur putride, parceque le sel que contient l'eau de mer est antiseptique.

Le gaz alcalin oléaginé neptunien s'exhale partiellement par l'évaporation de l'eau de mer, aussi cette eau distillée se trouve-t-elle chargée de ce gaz morbifère.

L'Intelligence céleste qui a prévu combien cette émanation serait funeste sur mer, la décompose à la surface de l'eau même en faisant servir ce gaz alcalin particulier à modifier le gaz ignifère aérien (1) en acide marin, lequel se combinant avec la base alcaline du gaz neptunien, constitue le sel, dont la formation est continuelle.

---

(1) L'acide ignifère est une des parties intégrantes des deux gaz qui constituent l'air.

**F I N.**